লারের সন্তানদের কাহিনী

The Children of Lir

Retold by Dawn Casey

Illustrated by Diana Mayo

Bengali translation by Kanai Datta

mantra

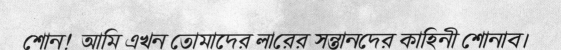

শোন! আমি এখন তোমাদের লারের সন্তানদের কাহিনী শোনাব।

বহুদিন আগে, যখন পৃথিবীর বয়স ছিল কম এবং যখন বাতাসে যাদু ঘুরে বেড়াত, তখন লার নামে একজন রাজা ছিলেন।

লার টু-হা ডে ডান আন-দের একজন ছিলেন, এই দৈব জাতি সারাটা সবুজ আয়ারল্যান্ড শাসন করত। তাঁর স্ত্রী ছিলেন হাই কিং-এর (সম্রাটের) বড় মেয়ে।

তাঁদের চারটি সন্তান ছিল: তিনটি ছেলে ও একমাত্র মেয়ে, ফিনূলা। ফিনূলা সবার বড়, এর পরের জন এড এবং সবচেয়ে ছোট যমজ ফীআরকা ও কোন্। রাজা পৃথিবীর যে কোন জিনিসের চেয়ে বেশি ভালবাসতেন তাঁর সন্তানদের, এবং সেই সময়ের মতো, ওরা সুখী ছিল।

Listen! I will tell you the story of the Children of Lir.

Long ago, when the earth was young and there was always magic in the air, there lived a king named Lir.

Lir was one of the Tuatha Dé Danaan, the divine race which ruled over all green Ireland, and his wife was the eldest daughter of the High King.

They were blessed with four children: three sons and a single daughter, Fionnuala. Fionnuala was the eldest and next came Aed, and then the young twins Fiacra and Conn. The king loved his children more than anything else in the world, and, for a while, they were happy.

লারের সন্তানদের কাহিনী

একটি কেল্ট্‌-জাতীয় উপকথা

The Children of Lir

A Celtic Legend

খ্রীষ্ট পূর্ব প্রায় ৭০০ সাল থেকে কেল্ট্‌রা ব্রিটেনে বসবাস করত। খ্রীষ্ট পূর্ব ৩০০ সালের মধ্যে কেল্ট্‌দের রাজত্ব আয়ারল্যান্ড থেকে তুরস্ক পর্যন্ত ছড়িয়ে পড়ে।

ব্রিটিশ আইল্‌সের কেল্ট্‌ জাতীয় লোকেরা গল্প বলার প্রীতির জন্য সুপরিচিত ছিল। সমুদ্রের দেব-দেবী, রাজা লার ও তার পরিবারের কাহিনী, আগুনের চার পাশে বসে বলার রেওয়াজ চলে আসছে হাজার হাজার বছর ধরে। শেক্‌স্পীয়ারের ট্র্যাজেডীতে এই লারই হয়ে উঠেছে লিয়ার, এবং তার উপাসনার প্রধান জায়গাটির নাম করণ হয়েছে তারই নামের সঙ্গে মিলিয়ে লেস্টার (লারসেস্টার)।

"তিনটি দুঃখের কাহিনী"-এর মধ্যে একটি হল লারের সন্তানদের কাহিনী। কেল্টিক উপকথাগুলির মধ্যে এর চেয়ে বেশি দুঃখের কাহিনী আর নাই।

Celts lived in Britain from around 700 BC. By 300 BC the Celts' lands extended from Ireland to Turkey.

The Celtic peoples of the British Isles were well-known for their love of story-telling, stories of Lir and his Family, Gods of the Sea, have been told around the fire for thousands of years. Lir's Welsh equivalent, Llyr, became King Lear in Shakespeare's tragedy, and the principal place of his worship was named after him: Leicester (Llyr-cester).

The Children of Lir is one of the "*Three Sorrows of Storytelling*", in all of Celtic Legend there is no more tender or tragic tale.

English Pronunciation Guide:

Tuatha Dé Danaan	*Too-ha Day Dan-aan*	*Aoife*	*Ee-fa*
Fionnuala	*Fin-oo-la*	*Bodb the Red*	*Bov the Red*
Fiacra	*Fee-ak-ra*	*Sidhe*	*Shee*
Aed	*Ay (rhymes with day)*		

First published 2003 by Mantra
5 Alexandra Grove, London N12 8NU
www.mantralingua.com

British Library Cataloguing in Publication Data:
a catalogue record for this book is available from the British Library.

কিন্তু যমজ শিশুদের জন্মের পরই রানী মারা যান। রাজা ভীষণই ভেঙে পড়েন, কিন্তু সন্তানদের জন্য দরকার ছিল একজন মায়ের। সেজন্য, লার আবার বিবাহ করলেন, হাই কিং-এর দ্বিতীয় মেয়ে ইফাকে।

প্রথম প্রথম ইফা খুবই যত্ন নিত, সর্বদা প্রাণবন্ত ও হাস্যময় ছিল। কিন্তু যখন সে বুঝতে পারল যে লার তাঁর সন্তানদের কত গভীর ভাবে ভালবাসতেন, তখনই সে ইর্ষাকাতর হয়ে উঠল। ওর হালকা মনটা ঘৃণায় ভার হয়ে উঠল, এবং ও নোংরা যাদুর খেলা শুরু করল।

But soon after the twins were born the queen died. The king was heartbroken, but the children needed a mother. And so Lir married again, to the High King's second daughter, Aoife.

At first Aoife was caring, and always full of life and laughter. But she saw how deeply Lir loved his children, and she grew jealous. Her light heart grew heavy with hate, and she began to practise dark magic...

একদিন খুব সকালে রানী বাচ্চাদের ঘুম থেকে তুলে, তখনও ঘুমন্ত ও হাইতোলা অবস্থায় একটা নির্জন হ্রদের ধারে নিয়ে এলো এবং স্নান করার জন্য ওদের পানিতে নামিয়ে দিল।

ওদের বলল, "সাঁতার কাটো ও খেলা করো," ওর গলার আওয়াজ মধুর মতো মিষ্টি আর ঘন।

Early one morning the queen woke the children and led them, sleepy and yawning, to a lonely lake, and sent them into the water to bathe.

"Swim and play, my dears," she told them, her voice as sweet and thick as honey.

ছেলে তিনজন সাথে সাথেই পানির মধ্যে ঝাঁপিয়ে পড়ল, আনন্দে
চিৎকার করতে করতে, কিন্তু ফিনূলা ইতস্ততঃ করতে থাকল।
"সাঁতরাও!" রানী আদেশ করল। মেয়েটি আস্তে আস্তে পানির মধ্যে
নেমে গেল।

The three boys splashed into the water at once, shrieking and shouting,
but Fionnuala hesitated.

"Swim!" the queen commanded. And slowly the girl waded into
the water.

ফিনূলা তার সৎমাকে লক্ষ করতে থাকল। যেই সে দেখল যে ইফা তার ক্লোকের ভাঁজের মধ্য থেকে একটা ড্রুইডের যাদু দণ্ড বের করল তখনই তার শরীরের উষ্ণতা চলে গেল।

দুই হাত তুলে রানী বলতে শুরু করল, একটা সম্মোহক যাদুমন্ত্র, এবং সে যাদু দণ্ডটা নিচু করে একে একে শিশুদের ভ্রূতে ঠেকাল।

মুহূর্তের মধ্যে, যেখানে ফিনূলা, ফীআরকা, এড ও কোন্ সাঁতার কাটছিল, সেইখানে এখন ভেসে উঠল চারটি সাদা রাজহাঁস।

Fionnuala watched her stepmother. The warmth drained from her body as she saw Aoife draw a Druid's wand from the folds of her cloak.

Raising her arms, the queen began to chant a hypnotic incantation, and she brought the wand down, touching the children, each in turn, upon the brow.

In an instant, where once Fionnuala, Fiacra, Aed and Conn had swum, there now floated four beautiful white swans.

“লার-এর সন্তানরা!” ইফা চিৎকার করে বলে উঠল, “আমি তোমাদের অভিশাপ দিচ্ছি! তোমরা ৯০০ বছর ধরে রাজহাঁস হয়ে বসবাস করবে। এই হ্রদে তোমাদের থাকতে হবে ৩০০ বছর, ৩০০ বছর ঠাণ্ডা আইরিশ সমুদ্রে এবং শেষ ৩০০ বছর উত্তাল আটল্যান্টিক মহাসাগরে।”

শিশুরা ভয়ে আতঙ্কিত হয়ে ক্ষিপ্তভাবে ডানা ঝাপটাতে লাগল। ওদের মুক্ত করে দেওয়ার জন্য অনুনয় করতে থাকল। কিন্তু মায়াবী ডাইনি শুধু হাসতে থাকল। “যতদিন না দক্ষিণের কোনো রানী উত্তরের একজন রাজাকে বিয়ে করে আর তোমরা নূতন বিশ্বাসের ঘণ্টা-ধ্বনি শুনতে পাও, ততদিন পর্যন্ত তোমাদের মুক্তি হবে না।”

“Children of Lir!” Aoife intoned, “I curse you! You will live as swans for nine hundred years! You must spend three hundred years here on this lake, three hundred on the cold Irish Sea and the last three hundred on the wild Atlantic Ocean.”

The children were terrified and beat their wings frantically, begging her to set them free. But the Sorceress only laughed. “You will never be free, until a queen from the South marries a king from the North, and you hear the sound of a bell ringing out a new faith.”

"ও ইফা," ফিনূলা সৎমাকে অনুনয় করে বলল, "এতটা নিষ্ঠুর হয়োনা!"

ইফা একটু থামল, ভাবল যে একদিন এই শিশুদেরই সে কতটা মায়ের মতো ছিল, এবং ওর কঠিন মন একটু নরম হল। "তোমরা নিজেদের কন্ঠস্বরে গান গাইতে পারবে এবং তোমাদের গানই হবে পৃথিবীর মধ্যে সবচেয়ে মধুর গান।"

এবং এরপর রানী হ্রদের তীর থেকে চলে গেল।

"Oh Aoife," Fionnuala pleaded with her stepmother, "do not be so cruel!"

Aoife paused, remembering how she had once been a mother to the children, and her hard heart softened a little. "You will be able to sing with your own voices, and your song will be the sweetest that the world has ever heard."

And with that the queen fled from the shore.

সে সোজা তার আব্বা টু-হা ডে ডান-আন-এর শক্তিশালী রাজা বোভ দি রেড-এর কাছে চলে গেল। কিন্তু সম্রাট তার মেয়ের কাজের কথা শুনে আতঙ্কিত হল। “ইফা,” সে গর্জন করে উঠল, “তুমি করেছ কী!”এবং সে তার ড্রুইড-এর যাদুদণ্ড দিয়ে মেয়েকে আঘাত করল। সেই বিশ্বাসঘাতক রানী বাতাসের মধ্যে একটা পিশাচ হয়ে চিরকালের জন্য বাতাসেই ভাসতে থাকল।

একটা ঝড় ঝঞ্ঝার দিনে এখনও তোমরা বাতাসে ওর গর্জন শুনতে পাবে।

She ran straight to her father, Bodb the Red, mighty king of the Tuatha Dé Danaan. But the High King was horrified by his daughter's deed. “Aoife,” he boomed, “what have you done!” and he struck her with his Druid's wand. The treacherous queen was transformed into a Demon of the Air, to be tossed on the winds forever.

On a stormy night you can still hear her howls.

এদিকে, রাজা লার সর্বত্র সন্তানদের খুঁজতে থাকলেন। উনি ঐ হ্রদের কাছে আসতেই রাজহাঁস–সন্তানরা উনাকে নাম ধরে ডাকল। লার তার সন্তানদের কন্ঠস্বর শুনতে পেলেন, কিন্তু দেখলেন শুধু চারটি সাদা রাজহাঁসকে। তারপর একটা ভয়ঙ্কর মুহূর্তে উনি সব বুঝলেন। রাজার দুই চোখ দিয়ে পানি গড়িয়ে গালে পড়ল এবং উনি বাচ্চাদের জড়িয়ে আদর করলেন, কিন্তু হাত না থাকায় ওরা রাজাকে জড়িয়ে ধরতে পারল না।

Meanwhile, King Lir searched everywhere for his children. As he came to the lake the swan-children called out his name. Lir heard his children's voices, but saw only four white swans. Then, in a terrible moment, he understood. The king felt tears come to his eyes and they rolled down his cheeks as he rushed to embrace his children, but, without arms, they could not hug him back.

ফিনূলা তার পিতার মুখে বেদনার ছাপ দেখতে পেল এবং তাকে সান্ত্বনা দেওয়ার জন্য গান গাইতে শুরু করল। ওর ভাইরাও আকাশ ছোঁয়া স্বরে ওর সঙ্গে গান ধরল।

ওহো! চাঁদের রুপালি রং ছিল ঐ গানে। এ গান ছিল যে কোন মানুষের স্বরের চেয়ে নরম আর যে কোন পাখীর গানের চেয়ে মিষ্টি।

বৃদ্ধ রাজা ঐ মধুর গান শুনতে শুনতে তার ভগ্ন হৃদয়ে খানিকটা সান্ত্বনা পেলেন।

Fionnuala saw the anguish on her father's face, and longing to comfort him, she began to sing. Her brothers joined in, lifting their voices to the skies.

Oh! The silver of the moon was in that song. It was softer than any human voice, and sweeter than any bird song.

As the old king listened to the beautiful music his broken heart was soothed.

লার দিনের পর দিন গান শুনতে ঐ হ্রদের ধারে চলে আসতেন। টু-হা ডে ডান-আন এবং আয়ারল্যান্ডের সমস্ত মানুষ ঐ হ্রদের ধারে আসত রাজহাঁসদের রুপালি গান শুনতে।

৩০০ বছর ধরে লার-এর শিশুদের ঐ আশ্চর্য গান আয়ারল্যান্ডের মানুষদের মুগ্ধ করে রেখেছিল।

কিন্তু, শীঘ্রই সময় এসে গেল, যখন ঐ রাজহাঁস-সন্তানরা ক্রুদ্ধ আইরিশ সাগরে চলে যেতে হল, আব্বা ও লোকজনদের ছেড়ে, ওদের নির্বাসনের দ্বিতীয় পর্ব পূর্ণ করার জন্য।

রাজহাঁসরা উত্তরে উড়ে গেল। ওরা আর কখনই ওদের আব্বার মুখদর্শন করেনি।

Day after day Lir came back to the lake to listen.

All the Tuatha Dé Danaan and all the men of Ireland went to the lake to hear the swans' silver song.

The wondrous singing of the Children of Lir held the people of Ireland entranced for three hundred years.

But, too soon, the day came for the swan-children to leave their father and their people, and to go to the angry Irish Sea, to fulfil the second period of their exile.

The swans flew north. They never saw their father's face again.

আইরিশ সমুদ্র হল, আয়ারল্যান্ড ও স্কট্ল্যান্ডের মাঝখানে এক উত্তাল সাগর। এটা ছিল ভয়ঙ্কর ও হিম শীতল, এবং নির্জন। সেখানে ওদের গান শোনার জন্য কেউ ছিলনা।

সেখানে সুমেরুদেশের বাতাস ওদের ডানাগুলিকে জমিয়ে দিয়েছিল। বরফের মতো ঠাণ্ডা জল চাবুকের মতো আঘাত করে, ওদের কঠিন পাথরে ধাক্কা দিয়ে ফেলে।

The Irish Sea is a stormy stretch of water between Ireland and Scotland. A fierce and freezing sea it was, and lonely. There was no one to listen to their song.

There, arctic winds froze their feathers, and they were lashed by icy water, dashed against cruel rocks.

এক রাত্রে একটা সংঘাতিক ঝড় বয়ে গেল।

বাতাস ভয়ঙ্কর ভাবে গোঙাতে থাকল। বজ্রমেঘ আর্তনাদ করতে থাকল। বিদ্যুৎ আকাশকে চিরে ফেলল। রাজহাঁস-সন্তানরা ভীষণ বায়ু ও স্রোতের ধাক্কায় যেন চড়চাপড় খেতে থাকল এবং এদিকে ওদিকে নিক্ষিপ্ত হতে থাকল।

One night a terrible storm rolled in.
The wind howled and moaned, and thunderclouds groaned. Lightning tore the sky. The swan-children were buffeted and flung apart by the wild winds and waves.

শুধু একটা পাথর, যেটা একটি সীলের মাথার চেয়ে বড় নয়, সেই সংঘর্ষিত পানির থেকে মাথা উঁচু করল। ফিনূলা কোন মতে সেই পাথরের কাছে এল, এবং ভাইদের উদ্দেশে গান গাইতে লাগল যতক্ষণ না ওরাও নিরাপদ জায়গায় আশ্রয় নিল।

আঘাত হানিকর ভীষণ ঢেউ সেই পাথরের উপর আছড়ে পড়তে থাকল, ওদের কনকনে ঠাণ্ডা পানিতে বিদ্ধস্ত করে দিল, এবং নিজেরা যাতে ভেসে না যায় তাই ওরা পরস্পরকে জড়িয়ে ধরে থাকল।

ভয়ে বোন তার ভাইদের নিজের ডানার নিচে জাপটে ধরে রাখল, কোন্ থাকল ডানদিকের ডানার নিচে এবং ফীআরকা ওর বাঁ দিকে, এবং শেষে ভাই এড ওর বুকের নিচে মাথা গুঁজে থাকল।

Only one solitary rock, no bigger than a seal's head, rose above the crashing water. Fionnuala struggled to that rock, and sang out to her brothers until they crawled up to safety.

The pounding waves exploded against the rock drenching them with water, piercing cold, and they had to cling together to save from being washed away.

But the sister gathered her brothers under her wings and held them close, Conn under her right wing and Fiacra under her left, and the last brother, Aed, laid his head against her breast.

সেই নির্জন জায়গায় ধীরে ধীরে ৩০০ বছর কেটে গেল, কিন্তু অবশেষে এল এই দীর্ঘ নির্বাসনের তৃতীয় ও শেষ ভাগ।

"এইবার আমাদের অ্যাটলান্টিকে যেতে হবে," ফিনূলা ভাইদের বলল, "তবে যাওয়ার পথে আমরা আব্বাকে দেখতে বাড়িতে যাব।"

রাজহাঁসেরা সারা রাত ধরে উড়ে চলল, ওদের চওড়া সাদা ডানাগুলি যেন একটাই ডানার মতো নড়তে থাকল এবং চাঁদের আলোয় চকচক করতে থাকল।

Three hundred years passed slowly in that desolate place, but at last it was time to fulfil the third and final stage of their long enchantment.

"We must go to the Atlantic," Fionnuala said to her brothers. "But on the way, let us fly over our home and see our father."

The swans flew through the night, their wide white wings beating as one, and shining in the moonlight.

সকালের মৃদু আলোয় ওরা ওদের শৈশবের দেশের উপর দিয়ে উড়ে চলল এবং জমির উপর চোখ বুলাতে থাকল এই আশায় যে ওদের আব্বার দুর্গটা যদি দেখতে পায়। কিন্তু যেখানে একদিন লার-এর সুদৃশ্য প্রাসাদ দাঁড়িয়ে ছিল আজ সেখানটা ভরে গেছে আগাছায়, বাতাসে সেগুলি নড়ছে। ওদের আব্বা অনেক দিন আগেই মারা গেছেন।

একটা করুণ গান গাইতে গাইতে রাজহাঁসেরা উড়ে চলল।

In the pale morning they flew over the land of their childhood, and scanned the ground, hoping to catch a glimpse of their father's fort. But where Lir's splendid palace had once stood, there was now nothing but nettles, blowing in the breeze. Their father was long since dead.

Keening a lament, the swans flew on.

অনেকক্ষণ পরে ওরা অ্যাট্‌ল্যান্টিক মহাসাগরের তীরে এসে পৌঁছাল, এবং সেখানে ইনিশ গ্লোরা নামে একটা ছোট্ট দ্বীপ দেখতে পেল। অবশেষে এইখানে ওরা একটু বিশ্রাম লাভ করল। আবার ওরা সূর্যের নরম চুম্বন অনুভব করল, ওদের হাড়গুলি উত্তপ্ত হল।

At last they came to the shores of the Atlantic Ocean, and there, they found a tiny island, named Inish Glora. Here, at long last, they rested. Once more they felt the gentle kiss of the sun, warming their bones.

রাজহাঁসেরা গান গাইতে গাইতে অপেক্ষা করতে থাকল। ছোটবেলার পুরান গান গাইতে থাকল, এবং ঐ দেশ ও সমুদ্রের সব পাখিরা ঐ দ্বীপে এসে জড়ো হল আর গান শুনে মন্ত্রমুগ্ধ হল।

The swans stayed, waiting, and singing. They sang the Old Songs they knew from their youth, and all the birds of the land and of the sea flocked to the island to listen, spellbound.

এখানেই ওরা তরুণ কৃষক এভরিকের দেখা পেল। সে ওদের কাহিনী শুনল এবং কাহিনীটি প্রচার করল। এইভাবেই ওদের কাহিনী বেঁচে থাকল এবং আমরা এই কাহিনী আজও বলি।

বহুদিন ধরে ওরা আর কারুর দেখা পায়নি, অবশেষে একদিন এক সাধু ঐ দ্বীপে এল।

ঐ সাধু একজন ধর্মীয় লোক, কিন্তু সে ঐ ডানআন-এর লোক ছিল না। কারণ প্রায় ৯০০ বছর আগে ফিনূলা এবং ওর ভাইরা শিশু ছিল এবং এর মধ্যে অনেক কিছু পালটে গেছে।

আয়ারল্যান্ডের সবুজ ভূমিতে এখন রাজত্ব করে এক নূতন জাতি। আগের দেবদেবীরা এখন হারিয়ে গিয়ে পরিণত হয়েছে শী, পরীর দল, এবং পৌরাণিক কাহিনীতে।

It was here that they met the young farmer named Evric, who heard their story, and who told it. And so their tale was kept alive, and we tell it still today.

They saw no one else for a long time, until, one day, a hermit came to the island.

The hermit was a holy man, but he was not of the Danaan, for it was almost nine hundred years since Fionnuala and her brothers were children, and things had changed.

A new race now ruled the green lands of Ireland. The old gods had gone underground, transformed into *Sidhe*, Faery Folk, and faded into myth.

সাধু লার–এর সন্তানদের অভিনব কাহিনী শুনেছিল।
তারপর ওদের মনোমুগ্ধকর গান শুনে সে ওদের কাছে এল।
"ভয় পেও না," সে বলল, "আমি তোমাদের সাহায্য করব।"

The hermit had heard tell of the legend of the Children of Lir.
When he heard their enchanting music he approached them.
"Do not be afraid," he said. "I will help you."

ইনিশ গ্লোরাতে সাধু একটা চ্যাপেল তৈরি করল, এবং লারের সন্তানগণ উচ্চ ঘন্টা ধ্বনি শুনল, যেটা দ্বীপের চারিদিক থেকে গমগম করে ভেসে আসছিল।

ঠিক সেই সময় দূরে একটা বিবাহের প্রস্তুতি চলছিল, উত্তরের এক রাজা দক্ষিণের এক রানীকে বিয়ে করতে যাচ্ছিল। এই রানীও ঐ আশ্চর্য রাজহাঁসদের কথা শুনেছিল এবং ওদের নিজের কাছে চেয়েছিল। সে তার নব স্বামীকে বলল বিবাহের উপহার হিসাবে ওদের নিয়ে আসতে, এবং রাজা ওদের ধরে আনতে বেরিয়ে পড়ল।

The hermit built a chapel on Inish Glora, and the Children of Lir heard the loud clear sound of a bell ringing, pealing out across the island.

At the same time, far away, wedding preparations were being made, for a king from the North was to marry a queen from the South.

This queen had also heard tales of the fabulous swans, and she wanted them for herself. She asked her new husband to get them for her, as a wedding gift, and so he set out to capture them.

অবশ্যই সাধু ওদের দিতে চাইল না, কিন্তু রাজা জোর করে ওদের ছিনিয়ে নিল।

Of course the hermit refused him, but the king seized the swans roughly, meaning to drag them away.

রাজা ঐ রাজহাঁসদের স্পর্শ করার সাথে সাথে অভিশাপ কেটে গেল। রাজহাঁসদের পালক ঝরে পড়ল, ভিতর থেকে বেরিয়ে এল, ডানআন যুবকদের উজ্জ্বল দেহ নয়, চারটি ৯০০ বছরের বৃদ্ধ চামরা কুঁচকানো নিংশ্বেসিত দেহ - তিনটি বৃদ্ধ লোক ও একজন প্রাচীন বৃদ্ধা। পালকগুলি যেমনি মাটিতে গড়িয়ে গেল অমনি তাদের দেহ শেষ নিঃশ্বাস ত্যাগ করল।

The moment the king touched the swans the spell was broken. The swans' plumage fell away, revealing, not the radiant forms of Danaan youths, but four shrivelled and wasted bodies, over nine hundred years old - three aged men and one ancient woman. As the feathers floated to the ground the last breath of life left their bodies.

"আমাদের একসাথে এক জায়গায় কবর দাও," ফিনূলা বলল।
তাই সেইরকমই করা হল। ফিনূলা শুয়ে রইল তার ভাইদের একসাথে ধরে রেখে, কোন্‌কে ডানদিকে, এবং ফীআরকাকে বাঁ দিকে এবং শেষ ভাই এড শুয়ে রইল ওর বুকে মাথা রেখে।

এবং এভাবেই লার-এর সন্তানরা অবশেষে শান্তি লাভ করল। কিন্তু শোনা যায় ঐ সাধু তার জীবনের শেষ দিন পর্যন্ত ওদের জন্য কষ্ট পেয়েছে।

"Bury us together, in one grave," Fionnuala asked.
And so it was done. Fionnuala lay holding her brothers close, with Conn on her right, and Fiacra on her left, and the last brother, Aed, laid his head against her breast.

And so the Children of Lir found peace at last. But the hermit, it is said, sorrowed for them to the end of his days.